NAVEGANDO PELA COPARENTALIDADE COM UM NARCISISTA

NAVEGANDO PELA COPARENTALIDADE COM UM NARCISISTA

HANLEY STANLEY

CONTENTS

Capítulo 1: Introdução — 1

Parte I: Compreendendo o narcisismo na coparentali — 3

Parte II: Estabelecendo limites com um co-pai narc — 6

Parte III: Cultivando a paz e a estabilidade na co — 9

Parte IV: Focando em criar filhos seguros — 13

Conclusão — 16

Copyright © 2025 by Hanley Stanley
All rights reserved. No part of this book may be reproduced in any manner whatsoever without written permission except in the case of brief quotations embodied in critical articles and reviews.
First Printing, 2025

Capítulo 1: Introdução

Navegar na coparentalidade com um narcisista tóxico está entre as experiências mais desafiadoras que alguém pode enfrentar como pai e adulto. A natureza extrema dos narcisistas — sua necessidade de controle e manipulação — pode transformar até mesmo as trocas parentais mais simples em um campo de batalha. Como o narcisismo está enraizado no amor-próprio, não é ilegal nem normalmente uma razão primária para um tribunal restringir o tempo de um pai com seus filhos. Consequentemente, após o divórcio, devemos aprender a construir uma nova vida como copais paralelos com um ex tóxico. Neste livro, explorarei tópicos importantes como manter-se seguro, construir limites, encontrar paz e criar filhos seguros, apesar dos esforços do copai para interromper esses objetivos.

Como autor, coach e palestrante que passou por uma experiência confusa de coparentalidade, frequentemente encontro indivíduos navegando em suas próprias situações terríveis de coparentalidade. Os problemas que eles enfrentam são diversos, geralmente incluindo como compartilhar informações entre lares, proteger seus filhos e reconstruir suas vidas como pais solteiros. Muitos buscam ferramentas para gerenciar seus ex-parceiros narcisistas, visando manter a paz ou estabelecer limites mais fortes quando possível. No final das contas, muitos pais querem se sentir mais confiantes em sua capacidade de promover um ambiente seguro para seus filhos.

Compreendendo os traços narcisistas na coparentalidade

Você já sonhou com seu co-pai se curando de seu transtorno de personalidade? Imaginando-o se tornando alguém mais gentil, mais curioso sobre você, mais sábio e cooperativo no cuidado de seu lindo filho? Para muitos, essa era a esperança inicial em sua jornada de coparentalidade com um narcisista: que o exílio do narcisista da boa vontade, saúde e humanidade pode não ser permanente. Em nossas horas mais sombrias, quem não desejou que o universo poupasse os filhos de um narcisista, transbordando amor, em uma reviravolta cósmica milagrosa? Essa esperança sustenta a boa vontade que você tem em relação ao seu co-pai.

Os tribunais de família compartilham duas coisas com você sobre a coparentalidade com um narcisista: primeiro, eles também desejam a boa vontade futura dos coparentais. Os juízes entendem que um relacionamento de coparentalidade bem-sucedido beneficia a todos, especialmente as crianças. Segundo, tanto o tribunal quanto sua boa vontade reconhecem que as ferramentas de sedução do narcisista são impecáveis. Eles podem manipular seus desejos com uma imagem do que você deseja, muitas vezes desarmando você tarde demais.

Mas vamos seguir em frente. Vamos explorar como descobrir a liberdade que não depende da boa vontade dos nossos co-pais. Em vez disso, podemos convidar a graça deles, participar dela e testemunhar, enquanto eles são energizados pelo nosso convite à paixão, o amor deles fluindo como pais para a vida dos nossos filhos. É assim que pais genuinamente bons, capazes de boa vontade, se comportam.

Parte I: Compreendendo o narcisismo na coparentali

Quando falamos sobre coparentalidade, é normal discutir cooperação e colaboração no cuidado parental. No entanto, tem se tornado cada vez mais comum discutir coparentalidade no contexto de um relacionamento com alguém que tem transtorno de personalidade narcisista (NPD) ou fortes traços narcisistas. Você pode ser alguém que nunca reconheceu traços ativos ou passivos de transtorno de personalidade narcisista antes de coparentalidade com um.

É importante entender que, se você está aqui, provavelmente está lidando com alguém que acredita ter um transtorno de personalidade. A natureza fundamental de tal transtorno é que aqueles que o têm não se incomodam com a forma como tratam os outros e têm muito pouco incentivo para mudar. Uma característica bem conhecida dos narcisistas é sua dificuldade em assumir responsabilidade pessoal por resultados negativos, mesmo quando são os principais culpados. Eles geralmente adotam papéis de vítima ou mártir. Antes de esperar que sua consciência de um problema leve à mudança, deve ser reconhecido de antemão: é improvável que seu co-pai mude, mesmo que reconheça que tem NPD. Ler toda a literatura relevante não alterará o comportamento de um pai com transtorno de personalidade. Não reduzirá o trauma de ser co-pai com um narcisista ou lidar com tribunais de família inexperientes. A estratégia principal é elaborar um plano parental que se baseie em valores compartilhados mais normativos incluídos em uma ordem judicial, em vez dos detalhes de um plano parental de alto conflito ou livro de políticas que restrinja a co-parentalidade. Essa abordagem pode ajudar a conter a trajetória caótica e preocupante do ex-parceiro com transtorno de personalidade narcisista.

Definindo o transtorno de personalidade narcisista

Um narcisista não é apenas alguém arrogante ou egocêntrico, mas também emocionalmente inadequado. A lesão narcisista ocorre quando alguém os confronta com a verdade e rejeita sua fachada, daí o termo "lesão narcisista". O termo "narcisista" é usado para descrever alguém com Transtorno de Personalidade Narcisista (TPN). O TPN é um transtorno de personalidade clinicamente diagnosticável que afeta a maneira como uma pessoa pensa e sente sobre si mesma e sobre os outros. Embora algumas pessoas possam apresentar sintomas de narcisismo, apenas cerca de 1% da população atenderá aos critérios completos para o diagnóstico.

Uma pessoa com NPD pode demonstrar grandiosidade, comportando-se como se estivesse acima de todos os outros e associando-se apenas a outros que considere semelhantes a si. O narcisismo também pode incluir misoginia e discriminação. A intensidade e as consequências do narcisismo de uma pessoa serão diferentes das de outra, mas envolve principalmente NPD. Mesmo quando você aponta esses preconceitos, os narcisistas se envolvem em atividades intrusivas, como difamação. Embora a terapia cognitivo-comportamental possa ajudar pessoas com vários transtornos de personalidade, administrar o narcisismo, especificamente o NPD, é desafiador. No entanto, os tratamentos estão disponíveis. Para identificar com precisão as características e ações de um narcisista e elaborar estratégias para minimizar a probabilidade de mais danos de sua raiva vulnerável, é crucial aprimorar as habilidades dos sobreviventes.

Impacto do narcisismo nos relacionamentos de coparentalidade

Entender como lidar com a coparentalidade com um narcisista requer analisar as características específicas que a tornam diferente e como ela afeta as crianças e o relacionamento de coparentalidade.

1. **Visão de Mundo Rígida** : Narcisistas geralmente acreditam que sua visão de mundo é a correta e única maneira. Eles se sentem no direito de impor sua visão ao mundo e esperam que outros sigam. Isso geralmente leva à falta de reconhecimento de limites para a criança, que é vista como uma extensão dos pais. Embora isso possa parecer amoroso, já que os pais geralmente querem exibir seus filhos, a criança é, na verdade, incapaz de expressar seu verdadeiro eu.
2. **Inflação do Ego** : Indivíduos com NPD frequentemente precisam que seu ego seja inflado, geralmente por meio de outros alimentando seu desejo de adoração. Para "conquistar" a criança, um pai narcisista pode usar manipulação e alienação, aparecendo como o pai supremo enquanto diminui o outro pai. Conforme a criança cresce, o pai narcisista pode se gabar da criança para mostrar o quanto ela é melhor do que o outro pai.
3. **Dificuldade com Críticas** : Narcisistas lutam com críticas construtivas e são rápidos em culpar os outros quando as coisas dão errado na vida de seus filhos, em vez de resolver problemas e trabalhar em soluções. Isso complica a tarefa já complexa de coparentalidade.
4. **Perfeccionismo e Erros** : Narcisistas são perfeccionistas e geralmente falham em reconhecer seus próprios pensamentos falhos. Em situações de divórcio, dividir e virar os filhos contra o outro pai é comum e pode frequentemente ser abordado com intervenções terapêuticas. Entretanto, quando a tática de alienação é usada por um pai narcisista, torna-se quase impossível separar a ilusão da realidade aos olhos da criança.

Parte II: Estabelecendo limites com um co-pai narc

Estabelecendo limites claros e firmes

Estabelecer limites claros e firmes é o primeiro passo para ser coparental eficaz com um narcisista. Estabelecer rotinas previsíveis é crucial. A pessoa com quem você está trabalhando já tem experiência em navegar em seu relacionamento com os filhos, então, para evitar pisar em calos e causar pressão desnecessária, é importante aprender sobre os horários e rotinas existentes na casa. Crie um ambiente seguro onde a criança possa desenvolver uma rotina ao longo do tempo sem ser exposta a muitas mudanças. Envolva-se em atividades divertidas com seus enteados que promovam boas memórias e cultivem um relacionamento ao longo do tempo.

Quando a coparentalidade com um narcisista não atinge um estado de paz e aceitação, você está fadado a ter conflitos repetidos. Para evitar isso, você precisa **estabelecer limites rigidamente firmes e não negociáveis** e cumpri-los. Em fóruns como o Chump Lady, você encontrará inúmeras histórias de pessoas que foram intimidadas em argumentos aparentemente triviais e exigentes, desde onde uma criança sentou em um avião até a hora em que a criança foi deixada ou buscada. Esses conflitos são projetados para causar ansiedade e frustração porque atendem às necessidades do narcisista.

Desenvolver limites e administrar a necessidade do narcisista de "discutir" esses limites é essencial para manter a paz. Como qualquer advogado de direito da família lhe dirá, **limites e ordens claras e escritas de forma inequívoca** são as melhores ferramentas. Aceitar a realidade de quem é seu co-pai e pisar na ponte da paz você mesmo é a única maneira de criar um ambiente de co-parentalidade seguro. Essa ponte de paz permite que você se concentre em si mesmo e em seus filhos, protegendo-o do caos e da imprevisibilidade do co-pai narcisista.

Aplicação eficaz de limites

Uma vez que os limites são estabelecidos, aplicá-los efetivamente é crucial. Comece rotulando o comportamento indesejado de forma rápida e eficiente com linguagem direta e honesta, oferecendo o mínimo ou nenhum detalhe. Por exemplo, se seu parceiro fizer uma confusão verbal de duas horas na frente das crianças, calmamente sugira uma separação com uma declaração como: "Vou encontrar um espaço para me acalmar e discutiremos isso em público". Durante essa separação, remova as crianças da linha de comportamento tóxico e manipulador, usando o tempo para consolar e elevar seus espíritos. Depois que um limite for ultrapassado, transmita às crianças que o comportamento foi errado, mas evite discutir a situação mais por respeito.

Impor limites efetivamente requer uma compreensão clara do que é razoável. Por exemplo, após uma audiência de custódia, solicitar um resumo das evidências apresentadas é um limite razoável. No entanto, exigir todas as fotos granuladas tiradas pelo outro pai para ver se seu filho apareceu no fundo não é. Limites só são eficazes quando são razoáveis e aplicáveis.

Comunicar esses limites de forma eficaz também é essencial. Estabelecer uma plataforma de comunicação de baixo conflito e segui-la é essencial. Ao comunicar um limite, decida se deve enviar uma mensagem única ou usar uma resposta padrão para problemas contínuos. Uma mensagem única comunica uma decisão específica, como "É minha vez de contar uma história na hora de dormir. Daqui para frente, por favor, deixe o Kindle dela ou qualquer outro eletrônico no seu quarto quando for minha vez." Isso define um horário claro para o intervalo da criança com a tecnologia.

Uma resposta padrão pode ser assim: "Eu entendo que você precisa colocar a criança para dormir no quarto domingo de outubro. Espero meu tempo de reposição por ordem judicial." Isso informa ao outro pai um limite que será imposto consistentemente.

Se uma estratégia de comunicação eficaz de baixo conflito foi utilizada e o limite ainda foi ultrapassado, é hora de reavaliar e impor consequências, conforme necessário.

Parte III: Cultivando a paz e a estabilidade na co

Estratégias para gerenciar conflitos
Paz e estabilidade são cruciais para criar crianças saudáveis. No entanto, esses termos podem ser subjetivos, significando coisas diferentes para pessoas diferentes. Para o propósito deste guia, paz e estabilidade se referem à tentativa de limitar, minimizar ou gerenciar produtivamente o conflito aberto por meio da neutralização, que pode servir como um fator de proteção para os co-pais e seus filhos. Estilos de co-parentalidade conciliatórios e positivos estão associados a níveis mais altos de segurança em crianças. Por neutralização, queremos dizer esforços de profissionais para parar ou pelo menos interromper conflitos interparentais graves e/ou violência. Em muitos casos, os co-pais podem concordar com esforços de neutralização para reduzir altos níveis de tensão durante as idas e vindas. Embora este seja um passo na direção certa, ainda é uma medida reativa que consome tempo investigativo valioso. Muito poucos co-pais são encorajados a tomar medidas proativas para evitar que a neutralização se torne necessária.

As seções a seguir oferecem recomendações e estratégias de alto nível para neutralizar ativamente o conflito e facilitar relacionamentos mais pacíficos e harmoniosos. Essas estratégias apoiam a crença de que um bom relacionamento de trabalho é a base para uma coparentalidade eficaz. O foco está em vários aspectos de qualquer relacionamento de coparentalidade que os indivíduos podem cultivar para começar a encontrar o equilíbrio entre si. Esta seção começa com uma avaliação da eficácia dos serviços de aconselhamento e educação parental no gerenciamento de conflitos entre vários pais. Em seguida, fornece conselhos práticos para envolver parceiros potenciais ou novos de maneiras que melhorem o espírito de equipe e, ao mesmo tempo, desencorajem conflitos potenciais. A seção conclui com conselhos para lidar com ajustes difíceis, como desemprego, falta de moradia ou ordens judiciais/pensão alimentícia.

Atraia uma comunidade solidária

Mesmo que a coparentalidade com um narcisista pareça impossível, ter uma comunidade de apoio pode ser inestimável. Leve os números de telefone de seus amigos e familiares que o apoiam, caso precise de suporte emergencial. Sua comunidade pode fornecer apoio emocional e assistência prática quando as coisas ficarem difíceis.

Utilize a técnica da rocha cinza

A **Técnica Gray Rock** foi criada para ajudar você a se desligar do narcisista quando ele usa táticas abusivas. Ao se tornar indiferente e desinteressado — essencialmente uma "gray rock" — você priva o narcisista da reação emocional que ele busca. Essa técnica ajuda você a evitar ser uma fonte de suprimento narcisista, reduzindo assim o controle dele sobre você.

Agendar Workshops

Até que suas ordens judiciais estejam em vigor, crie seus próprios cronogramas para logística, como transporte, contato e outras atividades relacionadas à separação. Esses cronogramas podem fazer parte de um processo PARR (Parenting Agreement Review and Recommendations), que pode ser necessário quando você for ao tribunal. Enquanto isso, comunique sua disponibilidade para discussões de agendamento. Esses workshops podem ser conduzidos por meio de aplicativos de mensagens ou e-mail, mas garanta que eles permaneçam contidos e focados.

Respondendo à Tensão

Ninguém tem o direito de tratá-lo mal, mas narcisistas frequentemente reagem defensivamente, percebendo ataques onde não existem. Essa tensão é prejudicial para as crianças. Quando um narcisista usa comportamentos adaptativos de conflito, como intimidação verbal, sarcasmo zombeteiro, ameaças ou agressão, tente usar **um tom que reflita** suas respostas. Mude a mensagem, a embalagem, a linguagem ou o ângulo emocional de sua resposta para abordar a situação indiretamente ou metaforicamente. Por exemplo, se o narcisista enviar uma foto das chaves do carro com um comentário sarcástico como "Quando você queria usar isso da próxima vez?", você pode responder com o dia e a hora da visita da criança e concluir com "Vejo você no domingo!" Isso ameniza a situação sem se envolver no conflito pretendido.

Promovendo a comunicação positiva

No cerne da coparentalidade eficaz está **a comunicação positiva**. Isso significa adotar um estilo de comunicação verbal que não envergonhe ou minimize, mas, em vez disso, diga a verdade sobre sua experiência de separação ou parentalidade paralela com um narcisista. Canalize a negatividade para explorar maneiras de se desligar ainda mais ou reforçar os limites, garantindo que você continue sendo o pai correto, independentemente das tentativas do narcisista de distorcer a verdade.

Características da Comunicação Positiva

A parentalidade paralela com um narcisista envolve evitar discussões diretas sobre o bem-estar das crianças, não tentar desfazer a programação do outro pai, evitar triangulação e trocar informações necessárias sem se aprofundar em fatos ou crenças subjetivas. Um dos aspectos mais importantes da sua " parentectomia " é lidar com as reações de estresse de forma positiva. Acabar com a coparentalidade com um narcisista pode ser atolado em negatividade, mas manter a parentalidade paralela permite conexões e trocas potenciais mais tarde , especialmente em situações sérias, sem tensão adicional. Alcançar a parentalidade paralela é essencial para proteger seu filho e você mesmo de abusos que destroem a autoestima, criam inseguranças profundas e substituem a paz por uma vida de tensão.

Parte IV: Focando em criar filhos seguros

Os pais geralmente vêm até mim como terapeuta quando sentem que os efeitos emocionais da coparentalidade com um narcisista estão impactando seus filhos. Este é um tópico crucial a ser abordado. Uma vez que tenhamos chicoteado nossos próprios sistemas e reações às formas manipuladoras do narcisista para uma forma saudável, precisamos ajudar nossos filhos. De muitas maneiras, esta é a parte mais integral do processo de recuperação. As crianças nunca devem ser a muleta ou o principal motivador para fazer escolhas saudáveis em relação a um narcisista; você deve ser. No entanto, uma vez que você esteja em um lugar mais saudável, tornar o bem-estar emocional e psicológico de seus filhos uma prioridade é essencial.

Nesta seção de *Navegando pela Coparentalidade com um Narcisista: Um Guia Terapêutico para Criar Paz, Construir Resiliência e Criar Crianças Seguras* , discutiremos o impacto da coparentalidade com um narcisista nas crianças, incluindo alguns dos problemas de raiz que ela cria e como isso as afeta negativamente. Teremos então uma conversa mais solidária e fortalecedora sobre a construção de resiliência e o fomento de uma autoestima forte e saudável nas crianças. Exploraremos maneiras de adotar uma abordagem de "prevenção" para ajudar a proteger seus filhos de alguns aspectos prejudiciais da coparentalidade com um narcisista. Além disso, falaremos sobre áreas de fortalecimento para seus filhos — enquadrando a experiência deles e tornando-os parte da solução.

Compreendendo o impacto da coparentalidade com um narcisista nas crianças

Qualquer comunicação sobre a criança parece ser uma oportunidade para o pai narcisista apontar o quão terrível você é. Seus filhos assistem e ouvem enquanto metade de seus cuidadores diminui em influência e experiência. O senso de família, amor e relacionamentos estáveis de seu filho é interrompido por repetidas aparições no tribunal e possivelmente pelo envolvimento do CPS em sua vida. Uma criança criada nessa dinâmica se acostuma a ter um cuidador que é um inimigo e pode sentir que o outro cuidador nunca realmente os amou, vendo o quão prontamente eles participam da dinâmica de dominação.

Indivíduos narcisistas muitas vezes não têm percepção do que uma criança realmente precisa porque não conseguem ver além dos limites de sua própria criança interior emocional. Alguns podem até mesmo usar a criança para metaforicamente dar um soco em seu estômago. Isso pode ser tão sutil quanto não dizer algo à criança por medo de não parecer incrível ou grande, ou dizer diretamente à criança algo depreciativo sobre você. A maioria dos filhos de narcisistas divorciados sofre uma "família falsa" porque se apegam à imagem ideal do que deveria ser. Durante esse luto, é comum culpar um dos pais em detrimento do outro, uma prova do amor motivado que eles têm por uma família que não existe.

Um estudo com 211 estudantes universitários dos EUA descobriu que o impacto da perda parental devido ao divórcio é dobrado quando um dos pais tem traços narcisistas. Isso continua na vida adulta, manifestando-se como problemas de dependência superdesenvolvidos com álcool, drogas, dinheiro, sexo e romance para preencher o vazio deixado pela perda. Pode parecer que um casamento intacto entre dois narcisistas é melhor para a criança do que um divórcio parental. No entanto, com os dados certos, pode-se racionalizar um mundo de qualquer verdade.

Construindo resiliência e autoestima em crianças

Concentrar-se no bem-estar do seu filho é fundamental.

A maioria das pessoas narcisistas vive uma vida constantemente tentando provar seu valor. Essa dinâmica afeta as configurações internas do seu filho quando ele é exposto a ela. Você não pode mudar o narcisista, mas pode intervir cedo com seus filhos para construir força e resistência. Resiliência é a capacidade de se recuperar das adversidades. Ansiedade e desconforto são emoções naturais e motivadores na vida. Enfatize "a questão" em termos de caráter e força. Você é um grande modelo, e seus filhos refletem sua força e perseverança.

As crianças que prosperam são aquelas que entendem a bênção de dar. Os primeiros pesquisadores descobriram que crianças com baixa autoestima recebiam incentivo mínimo dos adultos em suas vidas ou de seus colegas e irmãos. Como resultado, a pesquisa com 2.000 alunos do ensino fundamental mostrou que o incentivo desempenha um papel significativo em seu desenvolvimento. Essas são as crianças que realmente prosperam. O núcleo do grupo de colegas não gira em torno da necessidade de ser positivo. O núcleo deles é o que é — eles estão além da necessidade de ser positivo. Construir um forte sistema de crenças em seus filhos e ser consistente é crucial.

Nunca presumi que falava pelas massas, mas sim por uma única criança com essa coleção de lutas. Acredito que a mudança é possível para todas as famílias, especialmente para famílias de divórcio. Uma criança não é o divórcio, e uma família ainda é uma família, não importa seu desejo por liberdade e saúde. Seu filho ficará no chão que você enche de orgulho, amor e segurança, e o resto cairá no esquecimento.

Conclusão

Aqui estamos no final de outra longa jornada de coparentalidade com um narcisista. Quer você esteja no início de seu caminho ou seja um veterano de longa data na luta, espero que este guia tenha lhe fornecido algum consolo e valor. Marque-o e retorne sempre que precisar. Eu o escrevi para você porque você o inspirou. Neste mundo, nossos limites são conquistados com muito esforço, nosso trabalho é um ato de manutenção preventiva e nossa recompensa é a paz. Seus filhos aprendem que, mesmo quando seus limites estão sendo ultrapassados, você é forte, perdoador e flexível quando necessário. Eles aprendem que às vezes não há problema em deixar ir, porque nem tudo é importante, mas a paz e o estado de nossos corações e mentes são. No final das contas, são eles que se beneficiam. Você pode desenraizar e replantar em qualquer campo que a jornada de sua família o levar.

Alguns de nós nos curamos apesar, e não por causa, do narcisista . Alguns de nós sofremos apesar do fardo adicional de sua desordem espetacular. Alguns tiveram o prazer de trabalhar durante esta temporada exaustiva de nossas vidas. O objetivo deste guia é nos ajudar a nos tornarmos os indivíduos sãos, conscientes e resilientes que conheci ao longo desta jornada. Esta reformulação é sobre graça, crescimento e as crianças que criamos. Espero que você beneficie seus filhos praticando a conexão mente-coração descrita — avançando e avançando porque você tem um trabalho precioso a fazer. É hora de trazer a eles um você ainda mais presente, conectado e poderoso. ~ Com amor, Rebecca

Paz (salaam), minhas irmãs. Mesmo que seja por um tempo, paz e bênçãos para todos os seus lares. A promulgação da premissa deste guia requer três elementos-chave para neutralizar os efeitos da coparentalidade com um narcisista: limites, paz e criação de filhos seguros.

Refletindo sobre a jornada de coparentalidade com um narcisista

Eu tinha apenas duas entradas em uma série de parcerias para a Psychology Today quando minha atenção se voltou completamente para um projeto em particular . Enquanto eu olhava pela janela, refletindo sobre as experiências e o conhecimento que eu queria compartilhar, apenas um tópico veio à mente: Navegando pela Coparentalidade com um Narcisista. Isso diz muito! Agora, dezesseis entradas depois, é um momento reflexivo e pungente para voltar e refletir sobre esta jornada de ensaio de seis partes. Não há nada como ser coparental com um "verdadeiro narcisista". Embora o termo seja brandido levianamente no jargão moderno, a maioria das pessoas não compartilha o "vínculo" pós-marital que os sobreviventes desse transtorno desenvolvem. Enquanto eu tentava me colocar no lugar daqueles que amorosamente pesquisam no Google: coparentalidade NPD e segredos para kumbaya, a idealização da "comunidade" NPD e as afirmações de pais amorosos não se aplicam dentro do contexto do NPD real.

Os pilares dominantes desta série de ensaios refletem estratégias adaptativas para profissionais como psicólogos, terapeutas e pais-treinadores — especialistas em famílias, casamento, divórcio e coparentalidade. Montserrat Gas, Ph.D., concluiu a série escrevendo a parte cinco. Principais conclusões profissionais resumem bem o trabalho que cobrimos até agora. Se você tem ou teve um ex-namorado com DPN e filhos, provavelmente suspirou e riu de "adaptar suas metas de coparentalidade" e "escolher suas batalhas". O Dr. Fine não participa das "alegrias da coparentalidade, da criação de filhos acima de tudo ou de tornar a vida um do outro miserável". Em vez disso, minhas palavras são para os pais. A conclusão geral? Cada um de nós pode e deve buscar dentro de si, curar as cicatrizes de um relacionamento com um narcisista.

Perguntar-se se ser coparental com um narcisista foi algo bom ou ruim é uma pergunta inútil. Olhando para a maneira como meu ex-NPD se comportou mal, às vezes sinto que nunca fiz progresso. Mas o panorama geral revela que o progresso nem sempre é justo de medir em termos simples. O crescimento vem de inúmeros momentos de punição, às vezes bobos, como colocar meu ex-NPD em chamada antecipada para eventos importantes (para que eu não pareça surpreso quando eles aparecem na minha porta meio em lágrimas, ou quando alguém vem para fazer procedimentos de execução hipotecária). Essa jornada até me ajudou lentamente a fazer amigos e entender através das perspectivas da terapia freudiana e cognitivo-comportamental, relacionando-a a filmes de ninjas e filmes como "Matrix".

www.ingramcontent.com/pod-product-compliance
Lightning Source LLC
LaVergne TN
LVHW041644070526
838199LV00053B/3559